마음의 평화

마음의 평화

류인백 시집

잔잔한 노랫소리는 마음이 평온하고
　　잔잔한 물결소리는 마음을 잠재운다

● 시인의 말

　때때로 지나간 날이 그리울 때가 있습니다. 내가 이 글을 쓰게 된 것은 나 자신이 걸어 온 지난날을 되돌아보면서 작가가 되겠다는 젊은 문학 지망생들에게 작가의 꿈을 이룰 수 있는 길잡이가 되어 주기 위해서입니다.

　대창골 산촌마을에서 초등학교 다닐 때 국어책에 「봄 편지」와 「오빠 생각」이라는 동시를 읽고 나도 성인이 되면 이렇게 아름다운 글을 쓰는 동시 작가가 되겠다는 꿈을 가지고 성장해 왔습니다.

　그 당시에는 6·25사변 직후라 가난이란 테두리 안에서 정상적인 학업의 길은 걸어 보지도 못하고 어린 나이에 객지로 나와 고학을 하면서 오로지 자신과의 싸움으로 60여 년이란 긴 세월이 지나 그렇게도 갈망하던 작가의 길이 열렸습니다.

　「봄 편지」 작가 서덕출 선생님은 1906년에 경남 울산 복산동에서 태어나 어릴 때 사고로 인해 불편한 몸으로 글을 배워 19세 때에 「봄 편지」라는 동시를 『어린이』라는 아동 잡지에 발표하셔서 아동 문학가가 되셨고, 「오빠 생각」 작가인 12세 소녀 최순희 학생은 수원 화성 안동 내에서 살 때 서울에서 계몽운동을 하고 있는 오빠를 그리워하면서 1925년에 쓴 동시를 같은 아동잡지 『어린이』에 발표하셔서 동시 작가가 되셨습니다.

그 어려운 환경에서도 활발하게 작품 활동을 하신 서덕출 선생님이 발표하신 작품들은 지금까지도 어린이들의 친구가 되었고 12살의 어린 여학생이 쓴 동시도 동요로써 지금까지 애창되고 있는데, 육신이 튼튼하고 더 좋은 조건을 가진 나는 왜 안 될까, 나도 도전해 보자. 반드시 할 수 있다는 자신감에서 지금까지 단 한 번도 뜻을 포기한 일없이 글을 써 왔습니다.

　다행히도 1964년 영화 잡지 1월호 첫 장에 사진과 함께 권두시로「눈 오는 날 밤」이 발표되고부터 어린 나에게도 희망이 다가왔습니다.

　긴 세월 동안 습작을 하면서 걸어온 과정과 모아둔 일기장 등등 여러 종류의 자료들이 있었기에 동시, 시 그리고 시조를 쓰는 데 좋은 참고가 되어 오늘까지 지치지 않고 글을 쓰게 된 것이라 자부합니다. 그러므로 문학 지망생들도 언제 어디서 어떠한 경우에라도 의욕만 있다면 반드시 좋은 글을 쓸 수 있다는 것을 자신 있게 말하는 것입니다.

　이 시집은 누구나 다 쉽게 읽을 수 있고 뜻을 쉽게 이해할 수 있도록 현실과 가깝게 작성되었기 때문에 열심히 읽다 보면 누구나 다 꿈을 꼭 이룰 수 있는 희망을 가질 수 있다고 생각 합니다. 혹시나 지쳐서 포기할 수도 있겠지만 다시 강조하는 것은 끈기 있게 시집을 많이 읽고, 많이 구

상하고, 또 열심히 습작을 하게 되면 신문사의 신춘문예 작품모집이나 문학 잡지사의 신인문학상 공모를 통하여 등단의 길은 분명히 열릴 수 있기에 수년간 갈망해 오던 꿈은 반드시 이루게 될 것이라고 강조합니다.

  그리고 등단 후 좋은 작품을 많이 발표하여 베스트셀러 작가가 되었을 때 우리나라뿐만 아니라 세계로 나아가 많은 독자들의 심금을 울리는 세계적인 작가가 될 수 있는 길이 열리게 될 것입니다.

  이 시집을 읽으시고 등단하시는 모든 분들이 장차 우리나라의 문학 발전을 위하여 찬란한 빛을 발하는 훌륭한 작가가 되어 주기를 바라는 마음으로 드리는 선물이 되었으면 하는 마음 간절합니다.

  끝으로 이 작품을 추천해 주시고 출판을 허락해 주신 천우미디어그룹 김천우 이사장님과 윤제철 주간님께 깊은 감사를 드립니다.

2024. 03. 10. 이른 봄날

류인백

● 축사

김 천 우
(시인 · 문학평론가 · (사)세계문인협회 이사장)

　류인백 시인은 종합문예지 월간『문학세계』등단 이후, 식지 않는 꾸준한 작품 활동으로 탄탄하고 기품 있는 시인의 길을 묵묵히 개척하고 있다. 훌륭한 작가답게 성품이 온유하면서도 기개(氣槪)가 출중한 분이다. 첫 시집『마음의 평화』를 발간하기까지 사계절 자연의 변화 속에 우여곡절(迂餘曲折)도 있지만 시(詩)의 정상에 오르기까지의 과정은 만만치 않았을 것이다.

　정신일도 하사불성(情神一到 何事不成) "정신을 한 곳에 집중하면 무엇이든 이룰 수 있다."는 뜻이다. 류인백 시인의 탁월한 시인 정신과 초지일관(初志一貫) 문학세계를 향한 꿋꿋한 모지(母誌)사랑은 흠잡을 데 없이 아름답다. 건강한 영혼으로 펼치는 언어의 연금술로 만든 시집 상재는 시인의 희비애락(喜悲哀樂)이 묻어난다. 시인의 진지하고 아름다운 발자취를 함축하며 진솔하고 담백한 성서(成書)의 울림까지 전하고 있다. 1부-20편, 2부-19편, 3부-19편, 4부-16편. 총 74편의 작품 속에서 시인의 진면목을 발견할 수 있었다.

　그립다/ 어린 시절/ 보고 싶다 고향 친구// 이 몸도/ 늙었는가/ 지난날에 얽매여// 때때로/ 울먹이며/ 엄마 사랑 깨달았네

―「그리운 추억」전문

시인의 고향은 시인에게 가장 아름답게 자리한 삶의 바탕이 아닐까. 초연하면서도 간결한 시편이 독자들의 공감대를 형성하고 있다. 화자의 시세계의 대부분은 서정과 낭만을 아우르며 유년 시절로 회귀한 듯한 순박하고 때 묻지 않은 세계를 보여주고 있다. 가슴 한편에 오롯이 묻어두면서 틈틈이 꺼내 보는 류인백 시인의 따뜻하고 풍요로운 시심의 나래는 그 누구도 범접할 수 없다. 그 순진무구한 언어의 세계가 물결처럼 찰랑이며 누구나 쉽게 고향이라는 추억을 꿈꾸게 한다. 시인이 엄선한 정신세계의 앤솔러지(Anthology) 같은 시집은 잊혀가는 메마른 감성까지도 달콤하게 익어가는 홍시로 만드는 자극제가 된다.

시인으로, 명성 있는 화백으로, 반계사회 연구회 수석연구원으로. 자신에게 주어진 사명의 길을 묵묵히 걸어온 발자취는 참으로 장하고 위대하다. 시인이 독자들에게 전하고 싶은 말이 있다면 무슨 일이든 포기하지 않고 도전하는 정신으로 최선을 다하라는 게 아닐까. 그렇다면 반드시 그 꿈을 이룰 수 있다는 용기를, 시집을 통해 거침없는 울림의 감동을 주고 있다.

다시 한 번 "마음의 평학"를 전달하는 시인의 앞날에 무궁무진한 빛과 사랑이 펼쳐지기를. 류인백 시인의 작품집을 접하는 독자들 가슴 가슴마다 함박꽃 같은 미소와 행복이 충전되기를 소망하는 바이다.

● 축사

윤 제 철
(시인 · 문학평론가)

　류인백 시인의 시집 『마음의 평화』 발간을 축하합니다. 류시인은 초등학교 시절부터 꿈꿔오다가 60여 년이 지나도록 가슴 속에 묻어두었던 동심을 표출해내어 열망하던 작가의 길을 열 수 있었습니다. 동심은 어린아이의 순진무구함을 닮은 진실하고 자연스러운 문인의 감정 표출을 중시하는 방향으로 문학운동을 펼치는 밑바탕입니다.

　'시기 질투 모함으로 저주하던 그의 마음/ 철부지 인간이라 몰라서 지은 죄니// …자기주장에 눈이 멀어 짓고 또 지은 죄들/ 아직도 못 깨달으니 너무 불쌍합니다// …오락가락하는 정신 바로잡아 주시고/ 존경받는 인격자로 거듭나게 하옵소서'

　거의 매일을 곱씹어 보는 「오늘의 기도」는 일상에서 마주하는 사람, 사물, 사건을 대상으로 관찰을 생활화하여 얻어지는 예민한 감각이 뒷받침되어 왔기에 가능한 묘사라 할 것입니다.

　문인은 미적 현상을 사상화하여 언어로 표현한 예술 작품을 창작하는 데 종사하는 사람이라지만 문인으로서 가장 중요한 생활 덕목은 언행일치입니다. 자신이 한 말에 대하여 책임을 질 수 있고 믿음 줄 수 있어야 합니다. 뿐만 아니라 높은 의식수준을 지니고 앞서가는 정신세계를 제시하는 사명을 실천하는 데 있습니다.

　류시인은 「검정고무신」에서 '잡초뿐인 폐가에서/ 흙먼지 덮어쓰고/ 옛 주인 기다리는/ 검정 고무신'과 「촛불」에서

'내 한 몸 태워/ 좋은 세상 된다면/ 어찌 열 몸인들/ 못 태우고 떠나리요'를 통하여 강건한 인내와 의지를 담아 선명한 이미지를 만들고 있습니다. 노력에 비하여 과분한 경제적인 부를 누리면서 저절로 만들어진 양, 노력에 대한 고마움이나 감사하는 마음을 가지지 않는 현실의 많은 사람들을 향한 준엄한 꾸짖음입니다.

류시인은 「나목(裸木)」에서 '흰 이불 덮어쓰고/ 겨울잠 자면서/ 님 기다리듯/ 봄을 기다리겠지만// 살을 에는 그 찬바람이/ 너무 무서워/ 왠지 자꾸만 불안해진다' 흰 이불을 덮는다 해도 살을 에는 그 찬바람이 무섭습니다. 그러나 한 해도 아니고 거듭되는 시련은 고통을 이겨내는 수행자의 길입니다. 은유 속에 잠재되어 있는 사고력은 심오하기만 합니다.

이렇듯 작품에서 들려오는 목소리는 류시인의 생활모습과 걸맞는 단단하고 굳은 의지가 마음 든든한 믿음을 갖게 합니다. 거처는 멀리 떨어져 있다 하더라도 문학이나 모지를 사랑하는 마음은 늘 가까이 머물고 있는 듯합니다. 더구나 그동안 써놓은 시를 모아 시집을 발간하시겠다고 원고를 들고 오셨다니 반갑고 기쁘기 한량없습니다. 수록되는 작품들이 많은 독자들의 사랑을 받는 시집으로 빛나길 바랍니다.

앞으로도 세상을 만나려고 먼 곳에서 찾아 나서지 말고 가까운 곳에서 기다리고 있는 그들을 만나주어야 합니다. 그리고 풍부한 어휘력과 탁월한 시어의 선택으로 보다 울림이 큰 시로 국민 정서 함양에 크게 이바지하는 훌륭한 시인으로 성공하시길 빌며 축사를 갈음합니다.

제1부

향수

- **시인의 말**
- **축사** ㅡ 김천우(시인·문학평론가·(사)세계문인협회 이사장)
- **축사** ㅡ 윤제철(시인·문학평론가)

오늘의 기도 ㅡ 19

눈 오는 날 밤 ㅡ 20

설중매 ㅡ 21

봄을 기다리면서 ㅡ 22

오뚝이 ㅡ 24

내 평생소원 ㅡ 26

그리운 추억 ㅡ 27

7월의 중턱에서 ㅡ 28

그리운 어머님 ㅡ 30

금호강가에서 ㅡ 32

미소 ㅡ 33

울 엄마 ㅡ 34

사랑의 운명 ㅡ 36

겨울밤 ㅡ 37

엄마의 마음 ㅡ 38

남몰래 흘리는 땀 ㅡ 40

내 고향 영천 ㅡ 42

허무함 ㅡ 44

뿌리의 중요성 ㅡ 46

동창생 ㅡ 48

마음의 평화 ㅡ 50

제2부
사랑하니까

모란꽃 사랑 __ 53
봄 __ 54
비 오는 날이면 __ 55
사랑 __ 56
행복 __ 57
불쏘시개 __ 58
부부(夫婦) __ 60
길을 걸으면 __ 62
가치 있는 삶 __ 63
고마운 당신 __ 64
기울어진 세상 __ 65
고목나무 __ 66
그대에게 __ 68
기다림 __ 70
나목 (裸木) __ 72
남자의 마음 __ 73
나의 본향 __ 74
내 님은 __ 76
여자의 마음 __ 78

제3부
그리움

오늘은 또 ― 81
달님 ― 82
당신과 함께라면 ― 84
당신과 나 ― 86
감자 ― 87
당신의 등대 ― 88
당신의 밥상 ― 90
당신이기를 ― 92
동백꽃 ― 94
그리움 ― 96
검정 고무신 ― 98
사랑했기에 ― 100
눈 내리는 광화문 거리 ― 101
님 생각 ― 102
못다 한 이별 ― 103
못 잊을 첫사랑 ― 104
밤나무 그늘에서 ― 106
백장미 ― 108
모란꽃 사랑 ― 110

제4부

나라 사랑

복 있는 자 ＿ 113
암컷이라 ＿ 114
불청객 ＿ 116
촛불 ＿ 117
개싸움 ＿ 118
고장 난 세상 시계 ＿ 120
명품(名品) ＿ 122
서산 개척지 ＿ 124
나는 빛이 되리라 ＿ 126
나의 갈 길 ＿ 128
님의 별 ＿ 130
수감번호 503호 ＿ 132
동해(東海)의 파수꾼 ＿ 134
돈이면 다냐 ＿ 136
원숭이 네 마리 ＿ 138
세상살이 ＿ 140
꿈을 안고 뛰어라 ＿ 142

제1부

향수

오늘의 기도

용서받지 못할 자를
지켜봐 오면서
무슨 수를 또 부릴까 봐
염려기도 합니다

언행으로 지은 죄 사랑으로 덮어주고
시기 질투 모함으로 저주하던 그의 마음
철부지 인간이라 몰라서 지은 죄니
잘잘못을 묻어주고 용서해 주옵소서

만나고 헤어짐과 사랑하고 헤어짐이
얼마나 가슴 아픈 비수란 걸 왜 모를까
자기주장에 눈이 멀어 짓고 또 지은 죄들
아직도 못 깨달으니 너무 불쌍합니다

신이여 도와주소서 그를 구해 주옵소서
악마의 소굴에서 벗어나게 하옵소서
오락가락하는 정신 바로잡아 주시고
존경받는 인격자로 거듭나게 하옵소서

눈 오는 날 밤

거리는 조용히 잠들고
희미한 가로등만
줄지어 섰는데

그 누구의 그리움을
담뿍 실었는지
하얀 눈송이가 사뿐히 내린다

멀리서 종소리는
은은히 들려오고
단숨에 가고픈 고향 생각은
자꾸만 자꾸만 퍼져 가는데

밤새도록 눈이 내려
쌓일 이 땅에
그대는 새벽길로
찾아오려나

아아 외로워라
눈 오는 밤이여
이 밤은 소리 없이 깊어만 간다

설중매

봄을 기다리다
지쳐서 나왔는가

엄동설한에
매화꽃 가족
눈 속에 핀 너를
설중매라 했던가

꽁꽁 언 가지 끝에
방긋 웃는 네 얼굴은
앳된 새아씨의
양볼 같구나

부산 해운대
대천 호수 공원 길

봄 오는 소리가
귓전에 속삭인다

사르륵 사르륵
봄 오는 소리

봄을 기다리면서

홍매화 가지에 망우리를 보니
저쯤에서 봄 처녀가 새아씨처럼
살금살금 님 찾아 걸어오나 보다

봄이 오면 긴 잠에서
깨어나는 꽃 나무들
양팔 벌리고 기지개를 할 때쯤
화단에 꽃씨 뿌리고 흙을 비벼 덮으면서
어서 싹이 나오라고 기도할 것이다

산새 소리 들새 소리 하모니로 들리는 날
귀엽게 솟아 나온 새싹 앞에서
예쁜 꽃 많이 피우라고
부탁도 해야지.

담장 밑 꽃밭에 활짝 핀 천일홍
백일홍 맨드라미 봉숭아꽃까지
찾아온 벌 나비의 친구가 되어
일몰이 다 되어도 잔칫날이 되겠지

해마다 봄이 오면
언제나 들뜨는 아이 같은 이 마음
하늘 높이 떠올라 종달새처럼
신나게 노래 한 곡조 쭈욱 뽑고 싶다

봄이 오면 생각나는 그리운 얼굴
어릴 때 친구 죽마고우들
나이가 들어서도 보고 싶은 이 마음
그때 그 들판 그 동산에 가고 싶다

오뚝이

오뚝 오뚝 오뚝이
넘어지면 일어서고

몹쓸 세상 비바람에
쓰러지고 찢어져도
우리는 강하다
오뚝이 아들딸

넘어지면 벌떡
엎어져도 벌떡
우리는 오뚝이
무엇인들 못하랴

기쁨으로 살아간다
보람으로 살아간다

노약자를 섬기는
사랑의 봉사자로
칠전팔기 정신으로
밑거름이 될 것이다

시작은 빈약하나
풍성한 결실로
아름다운 이 낙원에
행복의 꽃을 피우리다

내 평생소원

내 평생소원인
빛처럼 살고픈데
세월의 흐름을
이기지 못하고
나날이 쇠해가는
이 몸을 어찌할꼬

내 평생소원인
소금처럼 살고픈데
속절없이 흘러가는
세월을 따르려니
백설이 짐이 되어
갈 길을 막는다

내 평생소원인
별처럼 살고픈데
의지할 곳 없는 자들
누가 돌봐줄 거냐
신이여 도우소서
힘을 주소서

그리운 추억

그립다
어린 시절
보고 싶다 고향 친구

이 몸도
늙었는가
지난날에 얽매여

때때로
울먹이며
엄마 사랑 깨달았네

7월의 중턱에서

나이가 들어가니
자연이 그립다

우거진 숲을 보면
계절의 흐름을 알 수 있듯이
어느 위치에 내가 서 있는지
구분이 된다

나날이 익어가는
세월 따라서
어느 틈엔가 완숙한 여인이 되어
나를 반기는 저 대자연

짙은 녹음 속으로
파고드는 햇살도
해가 지면 어둠으로
사라지겠지

나도 아마 그렇게
사라질 것이다

7월의 중턱에서
님에게 끌려가는 듯
황혼 속으로 서서히
사라질 것이다

그리운 어머님

오늘같이 장대 같은
비가 내리면
천국에 계시는
어머님이 그립습니다

검정 치마에 흰 저고리
말 안 듣는 동생들
종아리 때리시고
부엌에서 옷고름으로
눈물을 닦으십니다

그리고도 추울까 봐
따뜻한 아랫목에
무명 이불 깔아주지요

가족들 모두
이불 밑에 발을 놓고
어머님이 콩을 볶아
가져오신 바가지에
다 같이 둘러앉아
종알대며 나눠먹던
지난 추억들

되돌아오지 않는
지난날에 매달려
창 넘어 저 멀리
먹구름 낀 하늘만
우러러봅니다

혹시나 보이려나
어머님의 얼굴

장대 같은 빗줄기는
계속 쏟아지는데―

금호강가에서

금호강 언덕길을
혼자 거닐면
그리웠던 지난 생각 간절합니다

즐거웠던 학창 시절
이 강변을 거닐면서
사랑 노래 부르던 나의 첫사랑

꼬부라진 허리에
백발이 되었어도
보고 싶은 내 님
못 잊어 왔는데

불러도 대답 없는
답답한 사람아
어딜 가고 나만 홀로
여기 있게 하나요

눈앞에 맴도는 행복했던 그날 밤
혹시나 만나려나 기다리면서
오늘도 강변길을 홀로 걸어갑니다

미소

예쁜 꽃 한 송이
동그란 미소

살짝 볼우물에
장미꽃 닮은 입술

그 미소에
사랑이 오가고

그 미소에
행복이 오가며

그 미소에
건강이 살아난다

울 엄마

새소리 짐승소리
바람소리만 들리는
한적한 산골 내 고향 다락골

봄이면 실개천에 개나리 피고
진달래꽃 만발한 앞산 머리에
종달새 높이 떠 노래 부르면
울 엄마 생각나서 눈물 납니다

그 옛날 어릴 적 임진 계사 갑오년
삼 년간 흉년 들어 끼니마저 굶을 때
먹을 식량 구하려고
고생하신 우리 엄마

자식 셋을 키우면서
긴긴 그 삼 년 세월
모진 풍파 이겨내고 어찌 살아왔을까
이 저것 생각하니 눈물만 흐릅니다

물배를 채우고도 산과 들로 다니시며
초 근 목 피 찾아 나선 힘들었던 그 시절
퉁퉁 부은 얼굴에도 웃음꽃 잃지 않던
장하신 우리 엄마 다락골 낙산댁

일평생 자식 사랑 잃지 않고 사신 엄마
지금도 천국에서 정화수 떠 놓고
다 큰 새끼들 잘되라고
두 손 싹싹 비비실까

내 평생 부모 위해
효도 한번 못한 자식
엄마의 깊은 사랑 알지 못한 죄
불효 소자 막내아들 용서를 구합니다.
엄마 보고 싶다
엄마 엄마아
보고 싶다 엄마아~~~

사랑의 운명

따뜻한 봄날 찻집에 앉아
커피잔을 가운데 놓고

달콤하고 상큼한
이야기를 주고받다

구수한 정에 끌려
맺어 온 연인

움이 돋고 꽃이 피는
봄이 오면 온다는 님
오늘일까 내일일까
기다려 온 긴 세월

사랑한 게 잘못인가
세월이 무정했나

가슴속 깊은 곳에
붉은 멍만 차오른다

겨울밤

마음이 심란하여
뜰 앞으로 나오니
서산머리 하늘에는 초승달이 떠 있고

구름 뒤에 숨어있는
반짝이는 별들도
무엇이 그리 좋은 건가 정답게 속삭인다

육신이 멀쩡한
나는 왜 이렇게도
쓸쓸하고 적적한 외로움뿐일까

막걸리 한 사발에 소금 한두 알이면
근심 걱정 몰아내긴 딱 좋은 명약인데

내부감사가 철저하니
그것마저 할 수 없고
문학지를 읽으려 해도 눈이 먼저 감긴다

차라리 건넌방에
팔베개로 길게 누워
흘러간 옛 노래로 콧노래나 불러보랴

엄마의 마음

눈보라 치는
한겨울 늦은 밤
집 앞 길목에서 딸을 기다린다

학과가 끝나고
영어 수학 음악 학원
집에 오는 시간은 언제나 자정

이렇게 추운 날씨에
발은 쓰리고
스쳐가는 칼바람에 콧등이 쓰라리다

오늘따라 왜 이렇게
늦게 오는 것일까
혹시나 하는 불안한 맘에
잠잠하던 가슴이 요동을 친다

그 옛날 울 엄마도
발을 동동 굴리면서
회오리치는 날 밤 나를 기다리셨겠지

이제야 알 것 같다
어머님의 마음
자식 사랑이 무엇인지
어느 때면 평안할까

두 눈 감기 전에는
자식 둔 부모 마음
이 세상 어딜 가나 변함없을 것이라

남몰래 흘리는 땀

힘써 일하고
흘리는 땀은
보배 같은 땀.

봄, 여름, 가을, 겨울,
한결같이 흘리는 땀.

그 땀 속에 사랑이 있고
그 땀 속에 꿈이 있지만
말 못 하는 사연이 너무 많은 땀,

한 방울 한 방울
흘릴 때마다
한 걸음 한 걸음
걸어가는 발걸음처럼
큰 꿈을 향해 흘리는 땀,

남몰래 흘리는
피눈물 나는 땀
무엇과도 비교할 수 없는
값지고도 보배로운 땀,

그 땀이 머무르는 날은
내 인생도 머물게 되려는가.
아 아 서럽고도 서럽구나
장부의 길이여!

내 고향 영천

산수 좋은 청정지역
혼이 담긴 유적지
첨단산업 문화 관광
전국 최대 천문대와
질 좋은 별빛 한우
약령 시장 한약축제

고려 충신 정몽주
화약 발명 최무선
무인, 시인 박인로
황성옛터 이응호
어찌 한 분인들
영천 자랑 아닐까

인심 좋고 살기 좋은
역사적인 문화도시
보현산 댐 산허리에
은하수 마을 찻집에서
따뜻한 차 마시며
내려다 본 맑은 호수

해 질 녘에 비치는
눈 부시는 저녁노을
볼 때마다 너무 좋아
찾고 또 찾아오니
삼백 리 길 흘러가는
금호강이 반기네

허무함

삶이 무엇인가
갑갑하기만 하다

천년이 하루 같더니
하루가 천년 같아
남은 길 몇천 년을
어찌 하오리까

한 시절 잘 나갈 때
믿음에 덕을 쌓고
지식과 절제로
이웃 간에 하나 되고
우애와 사랑으로
더 가까이 했더라면
이토록 애태우면서
후회하지는 않으련만

모든 허물 덮어주고
위로와 평안으로 보듬어 주는
따뜻하게 그 품에서
다시 더 살고 싶다

어느 때나 벗어날까
한 많은 이 고행의 길
저무는 황혼 속에서
또 하루를 보낸다

뿌리의 중요성

사늘한 닭장에서
품고 키운 병아리가
꿩은 꿩으로 닭은 닭으로

갈 길이 다 다르니
큰일을 앞에 두고
서로가 제 잘난 듯
싸움만 하드라

이러고서야 어찌
한 형제라 부르랴

같은 뿌리에서
같이 자란 나뭇가지에
알알이 맺은 열매
모두가 다 동일한데

근본이 다른 자를
함께한다면
언젠가는 반드시
허수아비 신세

한 그루 유실수를
정성 들여 키운다면
가지가 찢어질 듯
제값을 하리라

동창생

친구들아 어디 있나
오랜만에 내가 왔다

백발이 다 되어
교정에 찾아오니
긴 세월 같이 놀던
친구들이 그립구나

채약산과 박산은 옛날과 같고
팔공산 봉우리로
흘러가는 구름도
그때와 다름없이 반겨 주는데
보고 싶은 친구들은 어디 있는가

우리 다시 만나자
사랑하는 친구들아

정들었던 교정에서
손에 손잡고
교가도 부르고
유행가도 부르고
이 한밤을 지새우며
맘껏 뛰어놀자

긴 세월 못 본 정
술 한잔으로
얼싸안고 춤도 추고
노랫가락 장단에
북도 치고 장구 치고

먼 곳 가기 전에
살아온 길 얘기하며
하루라도 즐겨보자
신나게 놀아보자

언제 만날까
보고 싶은 친구들아

마음의 평화

잔잔한 노랫소리는
마음이 평온하고
잔잔한 물결소리는
마음을 잠재운다

누군가가 다가와
조용히 속삭이는 소리

고마워요 감사해요
사랑하고 존경해요
내가 여기 있잖아요

들릴 듯 말 듯한
가느다란 소리에
모든 근심 걱정은
온데 간데 없이 사라지고

맑은 정신에
날아갈 듯한 이 기분
마음의 평화가
이런 것인가

하루 종일 이대로
머물고 싶다

제2부

사랑하니까

모란꽃 사랑

모란아 모란아
어여쁜 모란아
이제야 너를 보고
꿈을 가졌네

우아한 네 모습에
사랑을 알게 되고
웃음 속에 피어나는
향기에 취하여
네 없이는 살 수 없는
연인이 되었구나

꽃 중에 꽃이라
어딜 봐도 좋은 너를
어찌 홀로 두고
먼 길 갈 수 있으랴

나날이 너와 같이
사랑 노래 부르면서
일평생 오순도순
함께 있고 싶구나

봄

산이 높고
물이 맑아야
봄이 오는가

내 마음속
깊은 골에도
따뜻한 봄이
찾아온다면

진달래 한 다발
님에게 바치리다

비 오는 날이면

비 오는 아침이면 생각나는 그 사람
향촌동 골목길로 혼자 거닐던
베이지색 레인코트에 더벅머리 멋쟁이
앳된 내 가슴을 설레게 해놓고
지금은 어디에서 무엇하고 있을까
보고 싶은 그 사람 더벅머리 멋쟁이

비 오는 저녁이면 생각나는 그 여인
동성로 골목길로 혼자 거닐던
연분홍색 블라우스에 긴 머리 아가씨
철없는 내 가슴에 사랑의 불 지펴놓고
지금은 어디에서 무엇하고 있을까
보고 싶은 그 여인 긴 머리 아가씨

사랑

사랑이 무서워
설마 했는데

어떤 말을 어떻게
무슨 말을 먼저 할까

가슴만 두근두근
생각이 안 나

마음의 문을 열고
다시 물어봐야겠다

어떤 말을 먼저 하면
사랑이 되느냐고

행복

네가 뭐길래
웃기고 울리는가

지금까지 살다 보니
알 것도 같았는데

자신의 무지함을
이제 알게 되었네

불쏘시개

남편은 화물차
아내는 운전수
무거운 짐 잔뜩 싣고
가자면 가고 서라면 선다

아침부터 저녁까지
시니어들의 일상생활

즐거워서 하는 건지
살기 위해 하는 건지
하루하루 사는 모습
너무나 고달프다

한때는 자식 자랑
그렇게도 하더니만
화려했던 그 시절은
어디로 다 가 버렸나

이리저리 왔다 갔다
죽지 못해 살아가는
눈칫밥 신세를

그 모습이 어찌
남의 일뿐이랴

그렇게 살다가
어느 날 갑자기
오래된 고목이
화목이 되듯이
한 줌의 재 가루로
사라지는 불쏘시개

부부(夫婦)

너자와 나자에
점 하나씩 바꾸면
나와 너자로 맺어진 인연

행복한 부부로 아들딸 낳고
오늘까지 사는 것이
축복이었다오

백발이 되더라도 건강한 모습으로
명산대천 유람하며 즐기면서 사는 것이
내 평생소원이며 꿈으로 살아왔소

그 꿈 이루고 연수가 다하여
이 세상 떠날 때는 황혼 같은 모습으로
조용히 손잡고 웃으면서 가는 것

이것이 당신과 나와의
영원한 이별
우리 부부 함께해 온
운명이었다오

육신은 썩어 흙이 되겠지만
영적으로 살아있는 당신과 나
저 먼 천국에서 서로 지켜보면서
밤하늘의 별과 같이 속삭입시다

길을 걸으면

길을 걸으면
꽃도 있고 임도 있고
사랑도 있다

더 멀리 걸으면
더 많은 것을 보고
가까이 걸으면
가까이 것만 보게 된다

틈틈이 걸으면서
건강도 지키고
꽃도 보고 임도 따고
세상 구경도 한다.

한 번 가면 끝나는
우리네 인생

자연을 벗 삼아
저무는 황혼길을
다 같이 걸으면서
즐기면서 살아가세

가치 있는 삶

찻잔을 받고
뜨거워서 기다리다
마시려고 잔을 드니
식어 있더라

우리들의 만남도
그와 같아서
첫 만남은 반가워서
오래갈 것 하더니만
세월이 지나니 멀어지더라

세상사는 다 같아
건강할 때 자주 만나
감사하며 사는 것이
말년의 행복인걸

이것이 시니어들
가치 있는 삶이 아니던가

고마운 당신

사랑해요 마누라 고마운 당신
비단결과 같은 마음 조용한 목소리로
언제나 한결같이 순종만 하시면서
일평생 못난 남편 원망 한번 안 하시고
어린 자식 키워주신 그 사랑 그 정성에
오늘의 이 행복 기다리고 있었다오

사랑해요 마누라 고마운 당신
때때로 후회되는 나 자신의 무능함에
티 없이 예쁜 얼굴 그때 모습 어딜 가고
펑퍼진 엉덩이에 주름뿐인 당신 얼굴
남몰래 뒤돌아 앞가슴을 두드리며
당신 이름 부르면서 울기도 했다오

사랑해요 마누라 고마운 당신
이제는 다 큰 자식 어찌 살까 걱정 말고
우리 부부 남은 인생 끝까지 행복하게
아름다운 황혼처럼 어여쁘게 살다가
이 세상 떠날 때는 두 손 꼭 마주 잡고
잠자는 듯 조용히 안고 같이 갑시다

기울어진 세상

좋은 세상 왔다기에
고향이라 돌아오니
온 천지가 기울어져
좌로만 넘어간다

민초들은 갈팡질팡
긴 한숨만 쉬고
기다리던 훈풍은
캄캄 소식이라는데

그 옛날 그 시절에
정다웠던 이웃사촌
윤리도덕 어딜 가고
찬바람만 몰아치나

아름다운 이 땅에서
언제 또 웃어볼까
앞길이 막막하니
안 온 것만 못하구나

고목나무

아 아 가여워라
동구 밖의 고목나무

무슨 고생
얼마나 해 왔길래
가슴 한복판이
그렇게 멍이 들었나

사시사철 모진 풍파로
시달려서 그런 건가
산새 들새 시중들다
골병들어 그런 건가

묻고 또 물어도
대답 없는 너였지만
그래도 나는 네가 좋은걸

해마다 여름이면
그늘을 만들어
오가는 길손들을
편히 쉬게 하니까

동구 밖 언덕길에
홀로 있는 고목나무
너는 영원한
사랑의 천사라네

그대에게

어찌 해야 하나요
가슴속에 치솟는
뜨거운 이 불꽃을

사랑한다는 이 말을
할까 말까요

몇십 번 망설이면서도
손잡으면 터질 것 같은
그대 마음 잡으려고 애를 씁니다

훨훨 정처 없이
구름 속에서 떠다니는
그대 놓치지 않으려고
저 높은 창공으로도
솟아오를 것입니다

꿈이여
이루어 주소서

못다 한 우리 사랑
같이 나눈다면
어디 간들 무슨 고난인들
두려움이 있겠소

오직 단 하나 그대와 나
먼 여행길 함께 걸으며
울고 웃으며 가는 길이
꿈이고 행복이라오

기다림

머나먼 하늘 아래
그리운 님 보고파라

오늘이나 내일이나
소식 오길 기다리며
양 귀 쫑긋 세우고
지새웠던 긴긴날들

날이 가고 달이 가도
님 소식은 오리무중
안타까운 이 마음을
어찌 알게 되었을까

앞산에 뻐꾸기가
나를 위로하려고

이른 새벽 찾아와
구슬픈 가락으로
사랑 노래 한 구절
신나게 불러준다

아아 그리워라
듣고 싶은 님의 소리

그 소리 들으려고
오늘도 창을 열고
저 멀리 아득한
한양 하늘 우러러

눈앞에 아롱대는
님의 얼굴 그려본다

나목 (裸木)

가을이 오가는 건
좋기는 한데
앞일을 생각하니
걱정이 된다

울긋불긋 단풍잎은
정이 들자 떨어지고
앙상한 나뭇가지
마지막 잎새 한둘

그마저 떨어지면
헐벗은 몸뚱인데
동지섣달 세찬 바람
어찌 또 견디랴

흰 이불 덮어쓰고
겨울잠 자면서
님 기다리듯
봄을 기다리겠지만

살을 에는 그 찬바람이
너무 무서워
왠지 자꾸만 불안해진다

남자의 마음

그대를 보고 나면 또 보고 싶고
들으면 들을수록 더 듣고 싶은 목소리
터놓고 말하려니 가슴만 두근두근
마주칠 땐 분명코 말하려고 했다오

그러다가 혹시나 마음이 상할까 봐
두려움이 입을 막아 참고만 있었는데
그토록 사모하며 애타는 마음은
아마도 남자라서 그런가 봅니다

그렇게 긴 세월 당신만 바라보며
모진 풍파 속에서도 알알이 맺힌 사연
그 많은 추억이란 오직 그대뿐인데
어찌 더 목을 빼고 기다리게 하나요

강산이 변하고 천지가 개벽해도
내 마음 한결같이 당신 사랑뿐이라
눈 내리는 이 밤도 기다리는 것은
아마도 남자라서 그런가 봅니다

나의 본향

내가 흙을 좋아하고
사랑하는 것은
나만이 알고 있는
寶物이기 때문이다

그 寶物은 누구에게나
다 주는 것이 아니고
흙을 사랑하는 자에게만
주는 것이다

아무리 질이 나쁜 흙이라도
가꾸면 沃土가 되고
무엇이든 심으면 심는 대로
싹이 나와 결실을 맺는다

흙은 진실하고
거짓이 없고
수고의 報償을
반드시 돌려준다

구수한 흙냄새는
어머님의 香과 같고
부드러운 흙속은
어머님의 품속 같다

그래서 모든 생물은
흙이 품고 살아간다

내가 흙을 사랑하는 건
먹여주고 키워주고
내가 돌아 가야할
本鄕이기 때문이다

내 님은

내 님의 마음은
바다와 같이 넓고
그 은혜는
태산보다 더 높다

내 님은 언제나
함께하면서
밀어주고 당겨주는
쇠똥구리 같은 정

어디로 떠나
무엇을 하든지
두려움 없이 가는
승리의 길이라네

수많은 군중들로
앞길이 막혀도
헤치고 밀고 가는
불도저 같은 정신

내 님의 마음은
바다와 같이 넓어
나룻배 띄워도
부족함이 없으리라

여자의 마음

당신과 나와는
어떤 사이인가요

밀어주고 당겨주고 사랑해주고
어려울 때 도와주는 그런 사이인가요

아부하고 얼쩡대는 허울 좋은 외모보다
믿어주고 아껴주는 속이 찬 남자라면
내 평생 이 몸 바쳐 당신 사랑할 거예요

당신과 나와는
어떤 관계인가요
슬플 때 달래주고 기쁠 때 칭찬하고
외로울 때 위로하는 그런 사이인가요

달콤한 말솜씨로 멋 부리는 외모보다
고맙다고 칭찬하는 정이 많은 남자라면
내 평생 이 몸 바쳐 당신 사랑할 거예요

제3부

그리움

오늘은 또

동녘이
밝아오니
새소리가 요란하다

오늘은 또
어디에서
무슨 일이 있으려나

황혼이
들어야만
무거운 짐 내리겠네

달님

멀리 간 님 생각
간절할 때면
사무치는 그리움을
달랠 길 없어
단숨에 달려
이 산속에 옵니다

어디선가 구슬프게
두견새 우는 소리

언젠가 님과 함께
왔을 그때에는
두견새가 노래로
반겨 주었는데—

앞산 위로 둥근 달
중천에 떠오르면
보고 싶은 님 생각
참을 수 없어
단숨에 달려가는
그때 그 자리

내 님은 어디 가고
풀잎만 무성한데
달님만이 나를
위로하는 듯
내가 여기 있잖아라고
속삭여 줍니다

당신과 함께라면

험한 世上 살아갈 때
당신과 함께라면
어떤 苦難도 견딜 수 있습니다

당신과 함께라면
이 세상 무엇인들
두려워 하리오

마음이 平和롭고
즐거움뿐인데

내가 살아갈 동안
언제나 함께라면
흙탕물에 빠진 나를
건져줄 것이고

懦弱해서 스러질 때
힘이 되어 줄 것이며

험한 風波가 닥쳐와도
두려움 없는
平安함을 안겨줄
당신인 걸 아니까요

이 세상 사는 날까지
당신과 함께라면
모든 근심 걱정 다 사라지고
평화로운 樂園이 되어
신이 우리를 지켜줄 것입니다

당신과 나

어쩌면 되나요
당신의 꽃이 되려면

아무리 봐도 또 보고 싶고
돌아서면 보고 싶은
당신의 모습인데
어떡하면 당신의 꽃이 될 수 있나요

보고플 때 또 보고
만나고플 때 같이 만나
서로가 의지하고 함께 하는 꽃

그런 꽃이 되려고
장맛비 내리는 이른 아침에
창가에 앉아 당신을 기다립니다

어여쁘고 향기롭게
영원히 변치 않는
당신 꽃이 되려고

창밖에는 주룩주룩
비가 내리는데—

감자

햇감자 한 소쿠리
가마솥에 씻어 넣고

솔갈비 끌어모아
아궁이에 불을 때어

노릇하게 익은 감자
쟁반 위에 올려놓고

정든 님과 마주 앉아
호호 불며 먹는 그 맛

꿀보다도 더 단 것이
사랑해서 그런가 봐

당신의 등대

어찌 그리 좋을까요
당신만 보면
세상 근심 걱정
모두 다 사라지고

힘들어 지친 몸도
한결같이 가벼운데
내가 왜 몰랐을까 이 기쁨을

당신 곁에 있으면
긴 세월 멍든 상처 치유가 되고
보면 볼수록 좋기만 한데

미래를 밝혀주는
귀중한 등대란 걸
내가 왜 몰랐을까요

머물지 말고
함께 갑시다

천리만리 어디라고
한 마음 하나 되어
영원한 당신의 등대가 되어
천년만년 행복하게 함께 살아요

이 세상 떠날 때는
모든 미련 다 버리고
두 손 꼭 잡고 같이 갑시다

당신의 밥상

오늘은 왜 이렇게 비가 내릴까
장대비에 가랑비 때로는 이슬비
이런 비가 내릴 때는 지난날이 그리워요

그때 그 시절 단란했던 신혼생활
출퇴근길 아기 안고 마중도 나왔고
밤마다 아기 재롱에 웃음꽃도 피웠는데

어려웠던 고비마다 피땀으로 이겨내고
찢어지고 멍든 상처 믿음으로 참았지만
가는 세월만은 막지 못했습니다

그 고통 속에서도 언제나 한결같이
따뜻한 사랑으로 품어주던 당신 덕에
긴 세월 너무나도 행복했다오

예쁜 얼굴 주름으로 얼룩지게 만든 죄인
꼬부라진 허리를 겨우 의지하면서도
지금까지 일일이 간섭하고 챙기는 일
당신이 아니라면 누가 하겠소

하루에도 몇 번씩 생각하는 것은
먼저 간 친구들은 뒷산에서 잠자는데
조석으로 챙겨주는 당신의 밥상이
불로초보다 더 좋은 건강식일 줄이야

아직까지 나다니며 세상구경 하는 것은
당신이 아니라면 상상도 못 했었소

사랑해요 당신 나의 길동무
부디 건강하게 오래 같이 살면서
이 생명 다 하는 그날이 올 때까지
충실한 당신의 지팡이가 될 겁니다

사랑해요 마누라 고마운 당신

당신이기를

외로워 방황할 때
따뜻한 말 한마디로
위로해 주고

지치고 힘들어 서러워할 때
수시로 찾아와 토닥여주는
포근한 손길이 당신이기를

이 세상 험한 길
같이 걸어가면서
한평생 안아 주고
감싸 주는 사람

좋은 사람 있느냐고
누가 물을 때
큰소리로 당신이라
말할 수 있는 사람

향긋한 커피 잔을 가운데 놓고
사랑한다고 고백할 사람이
당신이길 바라면서 기다립니다

너무나 사랑하고 보고 싶었기에
당신 향한 그리움을 참을 수 없어
소쩍새 우는 이 한밤을 지새웁니다.

소쩍 소쩍 소소쩍—

동백꽃

동해바다 외로운 섬
절벽 위에 붉게 핀
동백꽃 한 송이

너를 처음 보았을 때
성숙한 여인으로
만들고 싶었다

가을이면 떨어지는
단풍처럼 될까 봐
꼭꼭 잡아
곁에 두고 싶었고

그 어느 꽃보다도
더 아름다운 여인으로
방긋 웃는 네 얼굴
보고 싶었다

잠시라도 안 보면
보고 싶어지고

가슴이 에도록 사랑하면서
그 사랑 언제나 함께하는
현모양처로 만들고 싶었다

비가 오면 우산으로 가려도 주고
눈이 오면 윗옷 벗어 덮어도 주면서
그날이 오기를 기다리는 꿈을 꾸며
지금까지 그리움으로 밤을 새웠다

비록 멀리 떨어져
볼 수가 없어도
마음만은 항상 네 곁에 있었고

손을 잡고 다정하게
속삭이면서
꿀처럼 달콤한 사랑의 맛으로
영원히 같이 살고 싶었다

그리움

저 멀리 가신님이
그리울 때면
흐르는 냇가에
홀로 앉아서
기나긴 하루를
슬픔으로 보냅니다

풀잎 하나 따다가
물에 던지고
돌 하나 주워서
물에 던지고

물에 빛인 님의 얼굴
바라보면서
가신 님 생각으로
눈물만 흐릅니다

저 멀리 가신님이
그리울 때면
냇물을 벗 삼아
하루해를 보내고

같이 놀든 지난날의
그 행복 속에 잠기어
돌아올 그날만을
기다립니다

검정 고무신

누가 벗어 놓았나
바닥이 낡고 터진
검정 고무신

폐가의 뜨락에서
소낙비에 젖어
한여름 더위에도
떨고 있구나

한때는 그래도
대접받고 살았는데
세월이 원수였나

주인 떠난 빈자리를
어쩌자고 너만 홀로
지키고 있는가

무심한 세월아
가려면 같이 가지

그동안 정든 사랑
어찌 다 차 버리고
매정하게 어디 간들
속이나 편하든가

잡초뿐인 폐가에서
흙먼지 덮어쓰고
옛 주인 기다리는
검정 고무신

사랑했기에

당신을 너무 사랑했기에
울면서 당신을
보내야만 했습니다

당신은 장미처럼
예쁘고 눈이 부셔
단숨에 뛰어가 안고 싶어도
혹시나 그 얼굴이
티라도 생길까 봐
그냥 곁에서 보고만 있었다오

때로는 달려가 당신 손 꼭 잡고
둘만의 세상으로
달리고 싶었지만
그것은 모두 허망한 꿈

당신이 떠나시던 그날 아침도
찢어지듯 쓰라리는 가슴을 두드리며
당신 이름 부르면서 통곡했다오

당신을 너무 사랑했기에
더 좋은 행복의 길 열어달라고
밤새워 하나님께 기도하면서
당신의 행운만 빌고 또 빌었다오

눈 내리는 광화문 거리

그리워 찾아왔네 눈 오는 이 거리
죽 뻗은 광화문 길 눈은 내리고
희미한 가로등 불 밤이 깊어 가던 날
함박눈 맞으면서 같이 걸으며
사랑을 속삭이고 떠난 님 그리워
찾아온 이 거리에 눈만 내린다

기적 소리 은은히 들려오는 이 거리에
자정이 다 되어도 눈은 계속 내리고
희미한 가로등 불 진눈깨비 내린 그 밤
무교동 낙지볶음 나눠 먹으며
사랑을 맹세하고 떠난 님 만나려나
찾아온 이 거리에 눈만 내린다

님 생각

긴 밤 지새우며
단잠 못 이룬 건
기약 없이 떠나간
님 생각 때문일까

차라리 정이나
들지 않았다면
이토록 애태우며
울지는 않을 건데

이것도 운명이라
그리움에 지쳤어도
님 기다리는 그 마음에
날 샌 줄을 모르겠네

못다 한 이별

정든 님 잡으려니
이 가슴이 터집니다

당신이 떠난 자리
나는 어찌하라고
애절하게 울며불며
매달려 보았지만
쌓이고 쌓인 정들 깊은 상처는
철부지 어린이의 장난이었네

마음속에 묻은 정
이 가슴이 터집니다

서로 좋아 맺은 사랑
잊으려고 애를 쓰며
가지 말라 애원해도
기어코 떠난 당신
마음속에 남기고 간 깊은 상처는
철부지 어린이의 장난이었네

못 잊을 첫사랑

흘러간 세월이라
잊으리라 했는데
오늘따라 님의 얼굴
너무 보고 싶구나

보름달 밝은 밤에
물방앗간 구석에서
단둘이 속삭이며
맺는 그 약속

양친 부모 강권으로
지키지 못한 죄
애간장 타는 마음
머리 숙여 속죄하며
한없이 울었네
밤새워 울었다네

시집간다 소문 돌 때
두 손 꼭 잡고
남몰래 도망쳐
서울로 갔더라면
아들딸 낳고
행복하게 잘살 텐데

그때는 바보처럼
그런 배짱 왜 없었던가
아 아 보고 싶다
사랑했던 님이여

달밤이면 더욱더
간절한 마음에
긴긴밤을 눈물로
한탄하면서
사랑에 멍든 상처
가슴만 두드린다

님이여 어디 있나
나의 첫사랑

밤나무 그늘에서

아 아 잘 간다 무정한 세월이여
수시(隨時)로 생각나는 그때 그날 밤
정자 골 못 안 밤나무 그늘

찰랑이는 연못 물결 하객(賀客)으로 삼고
무성한 밤나무를 주례(主禮)로 모시어
장래(將來)를 기약하며 주고받은 그 사랑

찌그러진 얼굴로 애원하는 듯
가파른 숨소리로 울먹이던 복순이
어디 있는지 너무 보고 싶구나

가난이란 죄(罪)로 과수원 집 둘째에게
시집가던 그날 아침 멀리서 지켜보며
긴긴 하루해를 진로 병만 빨았다네

끝까지 책임 못 질 팔푼이 바보이면서
꽃 순은 왜 꺾고 후회는 또 왜 했든가
한탄도 원망도 다 부질없는 짓

맺을 수 없는 사랑 한 많은 사연들
세월 따라 흘러가니 그리움만 남고
생각하면 할수록 애간장만 타 내린다

보고 싶다 순이야 첫사랑 복순아
흰머리 곱사등 세발이면 어떡하랴
꼬부랑 할미 모습 꼭 보고 싶구나

우리 한번 만나자 그때 그 마음으로
달 밝은 보름날 밤 그 옛날 그 자리
정자골 못 안 밤나무 그늘에서

백장미

내가 처음 너를 보았을 때
새하얀 그 얼굴이 눈이 부시어
반쯤 눈을 감아야만 했다

때로는 예쁜 그 얼굴에
흠이 생길까 봐
해바라기 잎을 따서
빛을 가리려면
살래살래 고개를 흔들고
부끄러워하던 너

그런 네가 좋아서
나날이 너를 찾아
네 곁에 서 있었다네

내가 네 곁에 함께 있으면
나의 모든 근심 걱정 다 사라지고
네 입술 가까이 다가가면
왠지 모르게 확확 달아오르는 내 얼굴

그 모습 숨기려고 뒤돌아서도
쿵쿵 뛰는 가슴은 막을 수가 없었다

단번에 한 송이 꺾어 안고 싶어도
날카로운 가시는 어쩔 수 없었고

쓰다듬어 보려 해도
혹시나 예쁜 꽃잎 떨어질까 염려되어
망설이던 내 마음 원망도 했다마는
그래도 볼수록 예쁘기만 한 너
어쩌면 좋아 마음대로 사랑할까

해마다 피어나는
하얀 백장미
너는 나의 영원한 꿈,

모란꽃 사랑

모란아 모란아
어여쁜 모란아
이제야 너를 보고
꿈을 가졌네

우아한 네 모습에
사랑을 알게 되고
웃음 속에 피어나는
향기에 취하여
너 없이는 살 수 없는
연인이 되었구나

꽃 중에 꽃이라
어딜 봐도 좋은 너를
어찌 홀로 두고
먼 길 갈 수 있으랴

나날이 너와 같이
사랑 노래 부르면서
일평생 오순도순
함께 있고 싶구나

제4부

나라 사랑

복 있는 자

우리는
福 있는 자입니다

눈으로 볼 수 있고
귀로 들을 수 있으며

입으로 먹고
말할 수 있고
자신의 몸을
지킬 수 있으니까

건강이 원만하고
자신의 책임을
완수할 수 있는 정신

일할 수 있는
능력 있어 감사하며

이웃과 사랑을 나눌 수 있는
선한 마음을 은혜라 믿습니다

그래서 우리는
福 있는 자입니다

암컷이라

암컷이 어때
암컷이 없으면
세상이 돌아갈까

암컷 없이 너는
어디서 굴러왔나

대통령도 장군들도
암컷에서 태어났다

뭣을 잘했다고
함부로 입방아냐

너 자신을 알고
본향을 돌아보라
네 어머님도 암컷인데
감히 함부로 말할 것인가를

암컷이 있었기에
사랑을 알았고
암컷이 있었기에
오늘의 우리들이
건재하고 있다

암컷을 존경하라
강하고도 위대한
나라의 역군이신
자랑스러운 우리들의
어머님이시다

불청객

반갑지도 않은 소식 또 왔네
그 이름 우한 폐렴 바이러스

누가 불렀나 누가 오게 만들었나
내 나라 내 형제들 다 죽어 가는데
먹기도 살기 힘든 어수선한 이 시국에
이게 또한 무슨 변고던가

사전에 망을 치고 막아야 하는 건데
방치한 그 처세가 얼마나 큰 범죄인데
몰라서 그랬을까 무능해서 그랬을까

알고도 그랬다면
이건 분명 다른 뜻?
아이고 답답해라 아이고 속 터진다

갈팡질팡하는 세상
이제 와서 어찌하리
논밭 갈듯 갈아엎어 옥토로 만들 거냐
보고도 못 본 척 지나가야 하는 건가

삐뚤어진 이 세상
바람 잘 날 없구나

촛불

그대는 아는가
촛불의 의미를

메마른 몸을 태워
세상(世上)을 밝히고
뜨거운 눈물로
사라지는 뜻을

내 한 몸 태워
좋은 세상 된다면
어찌 열 몸인들
못 태우고 떠나리요

나라가 살고
후손(後孫)들이 잘 사는데

촛불의 지혜로
부국강병(富國强兵) 만들어
아름답고 밝은 세상
우리 함께 지켜요

개싸움

아침부터 동산 밑에
개들이 싸운다

뭣이 틀렸는지
서로가 멍멍대며
물고 뜯고 흔들며
치열하게 싸운다

그 소리에 놀란
앞집 개와 뒷집 개
동네 개가 다 몰려가
두 편으로 뒤엉켜
같이 싸운다

온 세상이 개판인데
그러고서야 어찌
평온한 나라가 되려나

싸움 없는 조용한 곳
찾아다니며
아름다운 노후를
사람답게 즐겨볼까

차라리 눈귀 다 가리고
낮잠이나 자야겠네

고장 난 세상 시계

똑딱 똑딱 똑딱 똑딱
잘 돌아가는 세상 시계

긴긴 세월 한결같이
거센 풍파 다 견뎌가며
다듬고 다듬은 평온한 이 강산이
어쩌다가 이렇게도 큰 병이 들었는가

속속들이 곪고 곪아
터지고 찢어지고 대책 없는 이 상처들
백만 장정이 있다 한들 쓸모없는 쓰레기

닦고 갈던 윤리 도덕 다 어딜 가버리고
남녀노소 구분 없이 막가는 세상인데
가슴을 두드리며 한탄한들
고장 난 이 세상을 이제 어찌 하리오

사랑이 식고 정이 멀어지면
남은 것은 뻔한 사실인 것을
뒷날 후회 말고 잘못 간 길 바로잡아
모든 병 치유하고 되돌아가야 하는데—

똑딱똑딱 똑딱똑딱 고장 난 이 세상을
그 누구 일어나 썩은 골수 치유하고
새로운 단장에 아름다운 이 강산을
자자손손 이어가게 물려줄 장부 없는가

똑딱똑딱 똑딱똑딱
오늘도 내일도 쉼 없이 돌아가는
고장 난 세상 시계를—!

명품(名品)

자갈밭길로 걸어간다
그중에 썩인 옥돌
누가 알고 있으랴

뭇 사람들이 지나가며
밟고도 모르는
당달봉사들일 뿐

수십 년을 다듬어 온
匠人들만은
그 價値를 알고
귀히 여긴다

모난 돌이라
버리지 말고
곳간에 간직하고
때를 기다려라

자고로 아는 것은
힘과 부가 되나니

모난 돌이라도
갈고 다듬으면
世上에서 하나뿐인
名品으로 되느니라

서산 개척지

그 누가 알았으랴
꿈같은 이 역사를

오십 환 동전으로
유조선을 수주하시고
뻘 바다를 메꾸어
옥토로 만드는 걸

배고픈 민초들의
民生苦가 한이 되어
거센 물결 막아내고
만들어낸 이 벌판

노랗게 익어가는
황금빛 물결마다
노래하고 춤을 추니
지평선 곳곳에서
풍년가가 우렁차다

아 아 장하도다
대한의 아들
그 이름 거룩한
현대그룹이라네

그 정신 이어받아
자자손손 대대로
찬란한 이 영광
길이길이 빛나리라

나는 빛이 되리라

나는 빛이 되리라
부끄럼 없는 밝은 빛

문맹을 밝히고
어두움도 밝히고
무법의 세상도
환하게 밝히고

어두워서 고생하고
몰라서 고생하고
못 봐서 고생하고
힘없고 약한 곳곳마다
환하고 밝은 빛이 되어

아름답고 찬란한
이 금수강산을
나날이 갈고 가꾸어

한 점 부끄럼 없이
후세들에게 남기리라

아 아 그립다
그날이여
너 언제 오려나

나의 갈 길

언제까지 가야 하나
오염된 이 거리를
가슴을 두드려도
숨통이 막힌다

한 고개 넘어서면
또 한고비

인내는 원하는 것을
가질 수는 있지만
기다리는 그 기간은
쓰고도 괴롭다

뒤틀리는 이 世上을
어찌 막으며
곳곳마다 구린내가
진동하는데
돌아오는 세상인들
어찌 믿으랴

두 눈 바로 뜨고 중심을 잡아
善과 惡의 갈림길에서
비록 좁은 길이 힘이 들지언정
진리가 살아있다면 무조건 달려야지

찢어지고 멍든 상처
싸매주고 안아주고
얼은 몸 녹여주는
정 많고 사랑 많은
근심 걱정 없는 곳

바보 같은 짓이라
비웃을지라도
혼자라도 가리다
正義의 길로

님의 별

한 맺힌 가난에서
잘살아보려고
밤낮 부르짖던 잘살아 보세

적폐의 흉탄으로
쓰러진 우리 님
밤하늘의 별이 되어
떨어지는 저 유성을
보이나요 밝은 빛 님의 별 불꽃을

저 별이 떨어져 빛을 잃으면
어둡고도 험악한 세상이 될 텐데
목이 터져라 외쳐대는
민초들은 어찌하고
홀로 단신 그 먼 길로
떠나시려 하옵니까

긴 여정에 지친 몸 쉬시려고 그럽니까
한 많은 이 세상이 싫어서 그럽니까

아 아 원통하다 적폐가 원수로다
가슴이 찢어지듯 속이 터져 가는데

잘 있어라 말도 없이
떠나시는 우리 님
마지막 가시는 길 손 한번 못 잡고
울고 울고 또 울며 이별을 고합니다
안녕히 가옵소서 사랑하는 님이시여

안락한 그곳에서 편히 쉬시며
님이 가꾸신 이 나라
골고루 살피시며
전처럼 나라 사랑 굽이 지켜 주옵소서

안녕을 고합니다
편히 가시옵소서

수감번호 503호

세 평짜리 단칸방에
칼바람이 몰아친다

503호 우리 님은
이 한밤을 어찌 새나

찢어지고 멍든 상처
이리 깁고 저리 매어
몇 년을 버텨온
한 많은 세월

조상들의 피를 이어
백골이 될지언정
서럽고도 분하여도
모진 고통 모진 굴욕
참고 또 참으소서

때가 차면 선과 악이
한 올 한 올 풀리리다

민초들이 추구하는
지상낙원 올 때까지
육체 보존하옵시고
건강만 지키소서

동해(東海)의 파수꾼

반만년(半萬年)의 구구한
긴 세월을
수많은 침략에도
지치지 않았다

찌들고 멍든 상처(傷處)
스스로 달래가며
오늘까지 지켜온
동해의 수문장(守門將)

장엄(莊嚴)한 네 모습 볼 때마다
강(强) 하고도 웅대(雄大)함이
너무나 자랑스럽구나

몸은 비록 떨어져
저 멀리 아득한 수평선 넘어
보일 듯 말 듯 홀로 서 있지만

그 누구도 침범(侵犯)할 수 없는
우리들의 보물(寶物)
어두운 세상 밝히는
등불이라네

아아 장하도다
동해(東海)의 파수꾼

오늘도 이 나라 청지기로서
맡은 바 직분에 온몸으로 헌신하는
거룩한 그 이름
독도(獨島)라 부르네

돈이면 다냐

돈이면 다냐
건강이 제일이지
건강 잃고 돈 있으면
어디에 쓸랴

한두 푼도 아닌
그 많은 재물들을
부끄럼 없이 모은 재산
얼마나 되랴

피땀으로 모아둔
남의 전 재산
달콤한 구술로
등치고 빨아먹은
그 죄는 어찌할 거냐

원도 한도 없이 살아온 세상
무거운 짐 다 내려놓고
이 세상 떠나기 전에
선행으로 모두 다 갚아야 되잖아

불쌍한 이웃에게
아낌없이 나눠주고
간편한 몸으로
편안하게 놀다가세

원숭이 네 마리

원숭이 네 마리가
각각 다른 자세로
선반 위에 조용히 앉아 있다

한 놈은 두 손으로 눈을 가리고
또 한 놈은 입을 또 한 놈은 귀를
마지막 한 놈은 아래를 가렸다

자세가 이상해 가까이 다가가
속삭이듯 조용히 물어보았다

자세가 왜 그래

대형사고 방지 시위 중

어떤 사고

그걸 꼭 말로 해야 돼

세상 돌아가는 걸 보고도 몰라

보면 보는 대로 들으면 듣는 대로
뚫어진 입이라 함부로 말하고서
자신의 허물은 다 묻어 버리는 놈

남의 약점 잡아서 동네방네 떠벌리고
무식하고 미련한 소견머리 없는 인간
미투 사건으로 시끄러운 이 세상
부끄러운 줄 알면 용서를 빌어야지

장시간 금식으로 사죄하는 그날까지
넷이 뜻을 함께하여 시위하고 있다네

알 만도 하다마는 참 신기도 하다
원숭이가 어떻게 그런 걸 다 알까

세상살이

물은 물인데
동해 물도 맑고 서해 물도 맑은데
맑은 한강 물은 왜
짠맛이 없나

칠백 리 길 돌아가는 낙동강 물은
기름진 김해평야 황금벌판 만들건만
폭우로 내린 물은 재난만 일으키니
차라리 안 온 것만 못하게 되었도다

좋은 님 옆에 끼고
이름 없이 흔적 없이
밀려갔다 밀려오는
파도처럼 살고파라

때로는 강하게
때로는 약하게
그렇게 왔다 갔다 같이 얼려서
한 많은 세상살이
즐기면서 살려는데
어수선한 이 세월이
갈 길을 막아서네

언제나 돌아오랴
근심 걱정 없는 세상
그날을 기다리며
또 하루를 보낸다

꿈을 안고 뛰어라

오늘이 가면
내일이 오고
이 밤이 지나면
새 아침이 온다

한 번의 실패가
무슨 대수라고
때로는 쥐구멍도
볕 들 때가 있는데
양어깨에 힘 줄 날
반드시 돌아온다

주저앉지 말고
힘껏 뛰어라
금년이 가면 내년이 오고
이 달이 지나면
다음 달이 온다

실패 없는 성공이
어디 있더냐
하늘이 무너져도
기죽지 말아라

반드시 돌아온다
회전의자 돌릴 날
주저앉지 말고
힘껏 뛰어라

문학세계대표작가선 1021

마음의 평화

류인백 시집

인쇄 1판 1쇄 2024년 6월 11일
발행 1판 1쇄 2024년 6월 19일

지 은 이 : 류인백
펴 낸 이 : 김천우
펴 낸 곳 : 문학세계 출판부 / 도서출판 천우
등   록 : 1992. 2. 15. 제1-1307호
주   소 : 서울시 광진구 구의강변로 85 강우빌딩 7F
전   화 : 02)2298-7661
팩   스 : 02)2298-7665
http://cafe.naver.com/chunwu777
E-mail : cw7661@naver.com

ⓒ 류인백, 2024.

값 18,000원

＊도서출판 천우와 저자의 서면 동의 없는 무단 전재 및 복제를 금합니다.
＊저자와의 협의에 따라 인지는 생략합니다.

ISBN 978-89-7954-932-4